ÉLOGE

DE

M. RAVEZ,

Prononcé, le 10 Décembre 1853,

A LA RENTRÉE SOLENNELLE DES CONFÉRENCES DES AVOCATS,

PAR

M. Louis FÉRAL Fils,

AVOCAT STAGIAIRE PRÈS LA COUR IMPÉRIALE DE TOULOUSE.

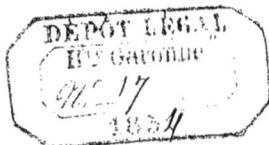

TOULOUSE,

IMPRIMERIE DE JEAN-MATTHIEU DOULADOURE,
RUE SAINT-ROME, 41.

1853.

M. RAVEZ.

—◁◉▷—

Messieurs,

Un pieux usage nous réunit chaque année, dans
une séance solennelle, pour raconter la vie d'un de
ces hommes qui ne sont plus et qui ont été la gloire
de la magistrature ou du barreau. Honorer leurs
talents et leurs vertus, c'est les comprendre; rendre
hommage aux sentiments qui les animaient, c'est se
préparer à être digne d'en recueillir le précieux héritage. Le culte du souvenir, grand et beau comme
tout ce qui vient du cœur, élève l'homme; par lui se
maintiennent, au milieu des révolutions et des se-
cousses, les institutions d'un pays.

Il y a quatre années à peine, une cité voisine et

amie de la nôtre était plongée dans la tristesse et dans le deuil. La magistrature, le barreau, les lettres se pressaient autour d'un cercueil ; Bordeaux avait perdu un de ses plus nobles enfants ; M. Ravez venait de mourir. — Avocat, on l'avait vu dans sa longue carrière répandre le plus vif éclat sur le barreau dont il fut une des gloires ; Magistrat, revêtu des plus hautes dignités, il maintint dans la Cour de Bordeaux cette suprématie de l'ancien Parlement, digne continuateur de Montesquieu dont il occupa le siége ; Législateur, les suffrages de ses collègues et la bienveillance éclairée du Roi l'appelèrent pendant huit années consécutives à la tête de la Chambre ; et enfin, lorsqu'une révolution éclatante le rendit à la vie privée, Magistrat volontaire, il fit revivre devant nous les anciens jurisconsultes de Rome ; tous reconnurent l'autorité de sa parole pleine de science....., et M. Troplong lui-même, dans sa juste et impartiale admiration, l'appela le plus grand jurisconsulte des temps modernes.

Cette grande figure nous a frappé..... Nous avons cru que du sein de ce barreau qu'avaient illustré les Laviguerie, les Roucoule, les Romiguières, dans ce palais si riche de souvenirs, au moment où la Conférence reprend ses travaux, devait s'élever une voix pour rendre hommage à cette gloire qui s'était éteinte..... et nous avons abordé l'éloge de M. Ravez.

Heureux si cette tâche n'est pas au-dessus de nos forces, et si nous n'avons pas à nous repentir plus tard de la témérité de notre entreprise.

I.

Si du point de vue où nous sommes placés, dans la situation que les événements des soixante dernières années nous ont faite, et avec les enseignements qu'ils nous ont laissés, nous jetons un regard sur la seconde moitié du dix-huitième siècle, nous sommes frappés du spectacle brillant et triste à la fois qu'offrait le pays. La Société française était comme éprise d'un amour ardent du bien public ; une bienveillance universelle agitait tous les cœurs ; passionnés pour ces progrès et ces perfectionnements qu'avait annoncés l'esprit nouveau, ils les appelaient de leurs vœux et les attendaient de l'avenir.

Mais, au milieu de ces nobles sentiments et de ces riantes espérances, un principe mauvais s'était glissé et devait suffire pour les attrister et les corrompre. Le scepticisme, prêché par la philosophie alors en honneur, avait été accepté et propagé par les hautes classes, comme une mode nouvelle propre à faire briller leur esprit léger et railleur, reçu par les classes illettrées et pauvres comme une vengeance ou une consolation de leurs misères, sans qu'elles

en aperçussent le poison. Le doute, élément de dis-
solution et de ruine, infiltré peu à peu dans toutes
les âmes, avait conduit à la négation de tout principe
social et religieux, et bientôt au mépris et à la haine
de tout pouvoir et de toute autorité.

Quelques familles privilégiées avaient échappé cependant à l'influence funeste de ces doctrines, et
étaient restées fidèles aux traditions morales de leurs
pères : elles voulaient des réformes ; mais elles crai-
gnaient les tendances irréligieuses des partis, et devaient résister plus tard aux excès du mouvement
révolutionnaire, dont seules elles avaient pu prévoir
les effets désastreux. C'est dans une de ces familles
modestes, d'une existence honorable et pure, que
naquit, à Lyon, le 10 octobre 1770, Auguste Ravez.

Que fut Auguste Ravez dans son jeune âge? Je
l'ignore, je ne le recherche pas. Je le vois, à peine
entré dans la vie, prêter l'appui de sa parole aux
prêtres poursuivis devant les tribunaux révolution-
naires, et je reconnais en lui un homme de cœur.
Déjà par de fortes études, dont ses écrits et ses discours ont rappelé le souvenir, il était prêt pour les
grands événements dont notre pays allait être le
théâtre. Il applaudit aux principes et à l'élan géné-
reux de 1789 ; mais, quand le torrent, franchis-
sant ses bords, eut renversé dans son cours impé-
tueux et les institutions vieillies et les institutions

nouvelles que la révolution avait créées, qu'il eut entraîné à la fois et les aveugles qui avaient voulu l'arrêter à sa source et les imprudents qui avaient creusé son lit, qu'il eut ainsi couvert le pays de bouleversements et de ruines, M. Ravez, comme tous les cœurs droits et hardis, s'était retiré, ou plutôt, au risque de périr, avait essayé de lui opposer la résistance de ses courageux mais inutiles efforts. Il avait compris qu'une société sans chef héréditaire n'offrait aucune condition de stabilité ; et alors monarchiste par le seul amour de la patrie et de la liberté, il s'était dévoué à cette cause. Il en reçut le prix : la municipalité montagnarde qui opprimait Lyon le jeta dans les cachots ; la municipalité réactionnaire lui en ouvrit les portes ; mais s'il recouvrait sa liberté, ce n'était que pour combattre avec plus d'ardeur et plus de périls encore.

La Convention voulut venger la commune vaincue, et ordonna à ses armées de faire le siége d'une ville qui avait osé résister à son pouvoir. On en connaît la lamentable histoire. Accablés par le nombre, ses héroïques défenseurs durent céder à l'ennemi, les portes de la ville lui furent ouvertes, et Lyon livré au massacre et au marteau de Couthon. La Convention, dans son délire, décréta, le dix-huitième jour de l'an II de la République, que Lyon n'existerait plus, et que sur ses débris serait élevé un monument avec cette sauvage devise : « Lyon fit la guerre à la liberté, » Lyon n'est plus. »

Ravez père était tombé, pendant le siége, frappé par les balles des assiégeants. Ravez fils, qui avait vaillamment combattu à ses côtés, n'échappa à la mort que pour tomber sous le coup des proscripteurs. Il fallut fuir, le cœur déchiré, cette ville natale, où il n'avait plus de famille, où tous ses amis étaient morts ou dispersés.

La Convention, à la même époque, avait décrété d'accusation le parti des Girondins. Comme quelques-uns d'entre eux, M. Ravez fut errant de retraite en retraite ; mais il sentit bientôt qu'il n'y avait quelque sûreté pour lui qu'au sein d'une de ces grandes cités, dont la foule protectrice pouvait seule le dérober aux regards qui le poursuivaient. Il hésita longtemps entre Paris, ce refuge le plus sûr peut-être d'un proscrit, et Bordeaux, où l'attirait la renommée d'un barreau qui avait vu naître et grandir Desèze et Vergniaud. Le courage pur et immortel du premier, dont en son âme M. Ravez aurait eu l'ambition de partager les dangers et la gloire, la voix encore douloureusement retentissante du second que l'échafaud devait étouffer, ces malheurs et cette affreuse mort qui expiaient si cruellement la criminelle faiblesse ou les lâchetés d'un jour, l'avaient profondément ému et fixèrent ses destinées ; poussé peut-être aussi par le vague instinct de son avenir, le combattant proscrit de Lyon alla demander un asile et une patrie à la patrie du défenseur de Louis XVI et de la plus illustre des victimes du 31 mai.

Après le 9 thermidor, quelques temps de calme avaient succédé aux proscriptions et aux tyrannies du gouvernement révolutionnaire. Pour en prévenir le retour, il s'était formé à Bordeaux, comme presque dans toutes les grandes villes, une Société de résistance. M. Ravez demanda à y être affilié; sa haute intelligence, son grand caractère y furent vite connus. Ses contemporains ont gardé la mémoire du premier discours qu'il y prononça :

« Une horde féroce, armée du glaive et de la puis» sance, disait, il n'y a pas longtemps : *Ceux qui ne* » *sont pas pour nous, sont les ennemis de l'Etat.* Temps » épouvantables, où des brigands courbaient sous leur » sceptre sanglant notre France dégénérée, où il n'y » avait presque de probité que dans les cachots et sur » l'échafaud. Je ne sais quel farouche instinct nous » reporte toujours à cette grande époque; mais elle » est si profondément gravée dans nos cœurs qu'elle » se mêle à tous nos souvenirs [1]. »

1 Je dois à l'obligeance de M. Tessier, savant auteur du *Traité de la dot,* ancien bâtonnier, quelques documents inédits sur M. Ravez. Je le prie d'agréer ici l'expression de ma vive et respectueuse gratitude.

Ces paroles chaleureuses le signalèrent à tous ses collègues, et lorsqu'il leur fallut un homme d'énergie pour lutter contre le pouvoir qu'effrayaient leurs tendances royalistes, ils songèrent tous à l'appeler à la présidence. M. Ravez ne voit dans ce poste élevé qu'un moyen de protéger ses amis ; on fait appel à son courage, il ne reculera pas ; et les voix unanimes le mettent à la tête de la Société de résistance de Bordeaux.

Voilà, Messieurs, le premier acte public dans sa nouvelle cité de celui dont j'écris la vie ; par un acte de dévouement et de sacrifice il commençait sa carrière, de même que, cinquante années plus tard, c'était aussi un acte de dévouement qui devait le couronner.

Bordeaux avait accueilli avec joie ce nouveau citoyen ; cette nomination rend son adoption définitive. Aussitôt il remonte avec ardeur sur la brèche, s'expose de nouveau aux poursuites qu'il fuyait il y a à peine quelques mois ; plus les suffrages des Bordelais l'ont honoré, plus il veut se rendre digne par son courage et son dévouement de l'honneur qu'on vient de lui faire.

C'est ainsi qu'à la même époque, notre Romiguières, dont vous entendiez, il y a un an, le brillant éloge [1], dans la rédaction du journal l'Anti-terroriste, résistait à Toulouse au Jacobinisme et protestait avec force et

[1] Par Me Emile Vaïsse, Avocat.

au risque de ses jours, contre les excès de la Révolution.

M. Ravez assume sur sa tête la responsabilité de tous les actes de la Société de résistance; bientôt on le désigne à une autorité encore ombrageuse comme le promoteur des délibérations qui ont été prises, et des poursuites rigoureuses sont commencées contre lui.

Mais, comme à Lyon, les espérances des méchants furent déçues, et, grâces au dévouement d'une famille généreuse qui lui prêta asile, M. Ravez put attendre des temps plus calmes et plus heureux.

II.

Le voilà rendu à la liberté et au barreau ; suivons-le dans la carrière qui s'ouvre devant lui. C'est là sa véritable gloire, c'est là surtout que, légistes, nous devons étudier toute cette vie de labeurs et de triomphes, en parcourir toutes les phases, en préciser, si nous le pouvons, les caractères et les progrès.

La retraite, à laquelle l'avaient condamné les événements que nous venons de décrire, n'avait pas été stérile pour lui. Il avait su la remplir par ses méditations et ses études de prédilection qu'il avait reprises avec ardeur. Ces trois années de traverses, de dangers et de combats avaient donné à son intelligence une vigueur de conception et à son âme une

intrépidité de travail et un courage capables de braver
les dangers et les combats d'un autre ordre qui désormais allaient s'offrir à lui. Bien jeune encore par
l'âge, puisqu'il avait vingt-cinq ans à peine, il avait
acquis, dans ce contact des hommes et des affaires, la
maturité d'esprit et l'expérience que donnent seules
les années. Il vint alors, sans assurance orgueilleuse,
mais sans fausse modestie, prendre place auprès des
hommes de talent qui, en 1795, étaient en possession
de la plaidoirie au barreau de Bordeaux. Dès les premiers jours, cette place lui fut marquée dans les
premiers rangs. .

Et cependant, à cette époque de transition, au
milieu de ces législations en ruine et de ces lois à
peine ébauchées, le barreau devait offrir au début du
jeune légiste, des difficultés et des troubles que nous
ne pouvons redouter aujourd'hui.

Le droit appliqué par les tribunaux n'avait pas
encore cette simplicité, cette unité que les travaux
de 1803 et 1804 lui ont plus tard imprimées; il em-
brassait les textes romains et leurs innombrables
commentaires, les ordonnances de nos rois et les
coutumes locales non encore abrogées, la jurisprudence des différents parlements, quelquefois si énig-
matiques dans leurs arrêts sans motifs, et enfin
toutes ces doctrines éparses dans des milliers de volu-
mes. La révolution, en détruisant les institutions sei-

gneuriales et les institutions ecclésiastiques, avait
sans doute tari la source de bien des procès. Mais
les intérêts privés avaient survécu ; ils invoquaient et
interrogeaient quelquefois encore et le droit féodal et
le droit canonique au milieu d'une société qui ne les
comprenait plus.

La Convention était allée encore plus loin ; dans son
inexorable radicalisme, elle avait voulu tenter dans
l'ordre civil la révolution consommée dans l'ordre
politique. Sans respect des plus anciennes maximes,
ni même des droits acquis, considérés jusqu'alors
comme saints et sacrés, elle avait créé, pour la trans-
mission des biens, un droit révolutionnaire à son
image et qui jetait ainsi dans les règlements des familles, des complications souvent inextricables et
des embarras qui s'augmentaient encore des efforts
tentés par les législatures postérieures pour réparer
et effacer les effets de ces monstrueuses tentatives.

M. Ravez avait étudié avec une admirable intelligence toutes ces législations d'origine, de principes
et de buts si divers, de tout ce passé qui s'en allait,
de tout ce présent qui n'était pas organisé encore ;
son esprit vaste et lucide les classait sans effort, et
sa mémoire sûre et fidèle les gardait et les lui rappe-
lait sans trouble et sans confusion. Dès qu'il parut
à la barre, les ressources infinies de son esprit éton-
nèrent les plus habiles ; la profondeur et l'étendue de

ses connaissances juridiques , les plus érudits ; sa
pénétration rapide des affaires, les plus expérimentés.
Bientôt il plaide contre les Avocats les plus renommés,
discute avec les jurisconsultes les plus éminents ,
apprécie toutes sortes de questions civiles, commer-
ciales et maritimes , et partout se montre déjà homme
supérieur. Ses adversaires eux-mêmes ne peuvent
s'empêcher de lui rendre hommage, et ces adversaires
s'appelaient Martignac père , Jaubert , Buhan et
Duranteau.

Aussi Buhan disait-il en plaidant contre lui : « Les
» premiers juges ont été égarés par les prestiges d'une
» séduisante éloquence ; il n'est rien d'impossible à
» l'intérêt soutenu par de grands talents. » C'était le
même sentiment qui inspirait à Martignac ces paroles :
« Les séductions de l'art oratoire ont pu faire oublier
» des résultats qui se montreront lorsque le prestige
» répandu dans l'audience sera dissipé. »

Ces paroles étaient une juste récompense de ses
études et de ses travaux ; pour M. Ravez, elles
avaient encore un autre prix. Elles venaient des
anciens de l'ordre pour lesquels il professa toujours ,
comme ses contemporains, un culte respectueux.
Jamais il ne se présentait à la barre, sans être pour
ainsi dire précédé et assisté de leurs conseils; il leur
soumettait ses œuvres, demandait humblement leur
avis , subissait respectueusement toutes leurs criti-

ques. De leur côté, les anciens de l'ordre, inspirés par ce sentiment de bienveillance et de protection qui leur faisait considérer le plus humble des stagiaires comme leur confrère et leur ami, étaient heureux de leur prêter l'appui de leur longue et savante expérience.

Dans cet échange réciproque de respect et d'affection, ne croyez pas que M. Ravez oubliât ses prérogatives et ne sût défendre sa dignité de jeune Avocat. Permettez-moi de dire une anecdote dont le souvenir s'est conservé au palais. Elle rappelle une circonstance qui lui fournit un de ses plus grands triomphes dans les premières années de ses débuts au barreau.

Un des anciens de l'ordre, contre lequel il plaidait, surpris par des arguments qu'il n'avait pas prévus, voulut rabaisser le talent de son jeune contradicteur et s'attribuer les armes dont il avait été frappé : « Sans » quoi , s'écria-t-il avec dédain , quelles blessures » eût pu me faire un jeune homme ! ! »

Le jeune homme sut relever une pareille injure, et, trouvant dans son âme blessée les accents d'une noble et vive réplique : « Apprenez, lui dit–il, que si vous » aviez été dans le cas d'être utile à celui que vous » rabaissez, vous viendriez de l'affranchir du devoir » de la reconnaissance en publiant le service que vous » auriez eu le bonheur de lui rendre. Apprenez que » l'âge et le talent ne donnent jamais le droit d'in- » sulter un jeune homme, et que celui que vous vou-

» driez ravaler ne se croit environné de quelque éclat
» que depuis qu'il se montre assez grand pour vous
» pardonner un indigne outrage. » Châtiment sévère,
mais juste, que cet outrage méritait.

III.

M. Ravez grandissait de jour en jour dans l'opinion
publique ; mais en même temps que lui grandissaient
aussi ceux qui, nés à la même époque dans la vie du
barreau, allaient être bientôt ses émules. Aux Martignac père, aux Jaubert, aux Duranteau, qui for-
maient, en l'an III, la puissante phalange des anciens, succédera bientôt une génération nouvelle,
formée à leur école, et qui, digne de ses devanciers,
devait, pendant un quart de siècle, maintenir le barreau de Bordeaux au premier rang parmi les barreaux
de France.

Quels sont donc les hommes que M. Ravez aura
désormais pour adversaires ? Ces hommes n'appartiennent pas seulement au barreau bordelais, ils sont
l'honneur du barreau français, et quelques-uns seront
même l'honneur de la patrie.

C'est Denucé, jurisconsulte profond, dont l'esprit
a pénétré tous les secrets de la science ;

Ferrère, que sa brillante organisation, son imagination vive et colorée, sa connaissance du droit et des

belles-lettres ont enrichi de toutes les qualités du grand orateur. Tout procès pour lui est un drame avec ses scènes, ses acteurs et ses péripéties ; et, soit qu'il veuille arracher des larmes à un lâche meurtrier sur la tombe encore humide de son épouse [1], soit qu'empruntant la voix d'un père il ramène dans le sein du devoir une fille égarée par une passion sacrilége [2], ses accents émus, profondément pathétiques, remuent encore les âmes et charment quelquefois le goût comme un écho réveillé de l'éloquence antique.

Bientôt après Martignac fils, ce gracieux orateur « dont l'éloquence, comme on l'a dit, avait la douceur » et l'harmonie d'une lyre [3] ; » voix mélodieuse, parole séduisante qui pénétraient dans les cœurs, et qu'il fallait fuir pour ne pas être persuadé. Nature élégante et poétique, il devait s'éteindre avant l'âge, en exhalant, presque avec son dernier soupir, son chant peut-être le plus magnifique, et, comme ce héros dont la mort fut un malheur public, tomber pour ainsi dire enseveli dans son triomphe.

A ses côtés étaient trois confrères, à peu près du même âge, que nous ne saurions oublier, et qu'attendaient, avec des talents différents, des destinées bien diverses :

1. Plaidoyer pour le sieur Roy-d'Angeac.
2. Plaidoyer pour les sieur et dame Plantey.
3. Livre des Orateurs, par Timon.

M. de Peyronnet, au cœur résolu, à la parole ar-
dente, tour à tour avocat, magistrat, ministre, condamné politique et prisonnier à Ham, plus grand
par son courage aux jours de ses malheurs que par
ses titres et ses honneurs aux jours de ses prospérités ;

M. Barennes, avocat érudit, élégant et pur, aussi
cher au barreau qu'il illustra par des talents pleins de
charme, qu'à la magistrature et à l'administration,
qu'il honora par des vertus pleines de douceur ;

M. de Saget, que je ne fais que nommer à cette
heure, car la tendre amitié qui l'unit à M. Ravez, le
ramènera bientôt sous ma plume.

Aucun des trois n'est étranger à nos murs : celui-ci
y avait reçu le jour, l'autre y a laissé les impérissables
souvenirs d'une administration bienveillante et pater-
nelle en des temps d'agitation et d'orages ; et, par
une adoption littéraire, M. de Peyronnet vient d'y
acquérir une sorte de droit de cité.

Au milieu d'eux s'élevait Lainé, véritable adversaire, en ces temps-là, de M. Ravez, orateur mâle et
austère qui devait dominer toute cette période de notre
histoire. Il faut même le dire, la renommée de l'orateur politique a presque fait oublier en lui la renommée de l'avocat.

Elevé dans les landes de la Gironde, Lainé avait
vécu longtemps absorbé par l'étude de l'histoire et de
la philosophie. Mûri par les voyages et les grands

événements qui s'étaient accomplis sous ses yeux,
son génie, quand il parut au barreau, semblait n'a-
voir pas eu de jeunesse. Les traits de son visage, pâle
et amaigri, peignaient l'austérité de ses mœurs et la
grandeur de son caractère : son regard, d'abord abaissé,
s'animait ensuite sous les feux de sa parole et brillait
du plus vif éclat; son geste, rare et fier, semblait
affirmer l'énergie de ses convictions ; sa voix sévère
reproduisait toutes les émotions de son âme. Ce n'é-
tait ni la fougue de Mirabeau, ni les élans passionnés
de Vergniaud, mais une éloquence grave et solennelle
à la fois, qui tenait les âmes sous la pression de son
harmonieuse période.

Homme des deux siècles, M. Lainé avait assisté
au spectacle imposant de notre ancienne monarchie,
et avait vu avec bonheur ces institutions libérales que
la révolution avait créées. C'était une monarchie fondée
sur la liberté qu'il voulait inaugurer en France.

Ses vertus et ses mœurs antiques l'ont fait comparer à Fabricius par le plus grand écrivain de notre
siècle.... Avec l'intrépidité du devoir, il proclamera
sans crainte ce qui lui sera dicté par sa conscience
droite et pure.

Lainé préludait alors par ses succès au barreau
aux triomphes de son éloquence, qui devaient assurer
plus tard à la tribune parlementaire le salut de la
patrie.

Et maintenant, embrassez d'un seul regard la longue et magnifique carrière que M. Ravez doit parcourir. Voyez !! Il s'est inspiré des leçons des Martignac père et des Jaubert ; aujourd'hui Ferrère , Lainé, Martignac fils sont ses émules; et dans ses vieux jours les grands maîtres de la science s'inclineront devant la puissance de ses avis et l'autorité de ses décisions.

Lainé, Ravez !! quels noms, Messieurs, quelles gloires !! Les voilà désormais unis l'un à l'autre. Gloire du barreau français, ils seront bientôt la gloire de la France parlementaire !! Honorés tous deux des suffrages de leurs concitoyens, ils montreront dans nos assemblées délibérantes et aux yeux de l'Europe la supériorité de leurs lumières et de leur esprit. Présidents de la Chambre, ils domineront leurs collègues bien plus par l'étendue de leur intelligence que par le titre dont ils sont revêtus , et leur destinée sera telle, que l'un, appelé à recueillir l'héritage de l'autre, sera digne de le conserver : l'un, avec l'ardeur de son éloquence, soulèvera dans un même élan tous les cœurs; l'autre, avec sa haute raison, apaisera les débats les plus agités; et, placés tous deux au même degré dans le cœur du même roi, ce sera avec le même courage et le même dévouement qu'ils défendront sa noble cause.....

IV.

Mais c'est à la barre, seul et véritable théâtre de
l'avocat, c'est à la barre, disent tous ses contemporains, qu'il fallait voir, entendre et étudier M. Ravez.

La nature avait été prodigue envers lui de tous ses
dons. Sa tête haute et d'une parfaite beauté, son front
large et ouvert manifestaient la puissance et l'éclat de
sa pensée ; son œil brillant et limpide respirait les
feux d'une riche imagination que sa raison savait tem-
pérer; son organe vibrant et sonore, qui remplissait
sans effort les plus vastes enceintes, saisissait l'âme
et commandait l'attention ; son geste élégant et gracieux, grave ou rapide suivant les entraînements de
sa parole, captivait par un charme inexprimable les
juges ou les auditeurs attentifs; son port majestueux,
quelquefois même un peu compassé, semblait révéler
d'avance les grandeurs de ses futures destinées, et ses
confrères lui avaient donné, dit-on, en nom d'amitié,
celui qu'il porta deux fois en titre d'honneur.

Je voudrais pouvoir retracer avec vérité les systèmes
habiles de ses plaidoiries, la marche savante de ses
compositions. J'ai dû les étudier dans les œuvres que
nous avions de lui, je les ai demandés au souvenir de
ceux qui l'avaient entendu.

Si, par les salutaires influences de son éducation

de famille et par la fermeté de ses croyances, M. Ravez avait échappé aux égarements de la philosophie, il avait suivi avec amour le mouvement littéraire de l'époque. Ce mouvement, on le sait, avait été favorable aux études des légistes. Aux approches de 1789, les débats judiciaires, au défaut des débats politiques, préoccupaient tous les esprits. L'opinion se produisait à la barre en attendant la tribune, les hommes de lettres écrivaient des mémoires judiciaires, les avocats briguaient l'Académie; c'était la littérature juridique qui était surtout alors en progrès.

M. Ravez put s'inspirer à cette école, et apporta à la barre ces formes élégantes que les maîtres avaient introduites dans le mémoire et dans la plaidoirie. Fidèle aux instructions de d'Aguesseau, aux exemples de quelques grands maîtres et aux traditions de son barreau, M. Ravez, dans presque toutes les grandes causes où l'avocat se montre tout ce qu'il est, écrivait sa première action, et ne s'abandonnait aux hasards de l'improvisation que dans la réplique.

Nul n'exposait avec plus de simplicité et de charme les faits d'un procès, et ne répandait avec plus d'art l'intérêt sur sa cause ; nul ne savait plus habilement mettre en relief les circonstances d'où la sentence devait sortir, et préciser avec plus d'adresse, sans interrompre ou détourner le récit, les points divers de la discussion à débattre, de manière à laisser penser au juge qu'il avait créé ou deviné un système que lui-même avait indiqué.

Sa discussion était profonde et complète, et l'on pouvait croire qu'il avait déployé dans la première action toutes les ressources de son esprit ; et cependant il était loin d'en avoir épuisé les richesses ; car en entendant sa réplique, on pensait qu'il avait réservé pour elle les armes les plus puissantes. C'était alors surtout qu'apparaissait toute la hauteur de son talent. La cause prenait, sous sa parole, une physionomie nouvelle. Large dans ses concessions, il jetait au vent les arguments de médiocre valeur, dominait d'un vaste regard sa cause entière, en parcourait d'un vol rapide toutes les sommités, marquait d'un œil sûr les faits décisifs, les thèses victorieuses. Libre dans ses allures, tantôt il semblait déserter son plan, pénétrait avec une audacieuse habileté au cœur de celui de son adversaire, pour en mieux fouiller toutes les faiblesses ; tantôt il se maintenait ou rentrait dans le sien, comme dans un camp retranché, pour foudroyer plus sûrement encore un ennemi fatigué par les excitations de ses arguments et les mouvements rapides de la plaidoirie la plus vive et la plus forte. On l'a remarqué, M. Ravez possédait la plus éminente qualité de l'homme dévoué à la parole militante : maître de ses passions, il l'était toujours de celles des autres.

Dans ces luttes de tous les jours, les annales judiciaires ont gardé le souvenir de ses succès, et ces succès constants n'appartiennent jamais qu'aux plus habiles. L'un par ses récits dramatiques a pu frapper les imaginations les moins vives, l'autre par sa parole mâle et nerveuse a pu entrainer les cœurs ; M. Ravez parle à l'esprit et à la raison, et dissipant les effets produits, ébranle les convictions déjà faites, ramène celles qui hésiteraient encore. Comme orateur, il pouvait avoir des supérieurs ; il n'en avait pas, il n'eut peut-être pas d'égal comme avocat.

Quelles paroles chaleureuses et indignées, quand, au nom d'un époux outragé il poursuit le triomphe des mœurs et des lois, et flétrit la prostitution et la débauche [1] !!

« Le repentir !! dit-il, en s'adressant à la dame » Kerhuel, vous y êtes inaccessible ; la pitié !! il » n'en est plus pour vous. L'honneur en fait une loi » au citoyen Féger ; un abime est ouvert entre vous » et lui, et c'est vous qui l'avez creusé.

» Vous avez outragé votre époux, trahi l'amitié, » insulté lâchement à vos bienfaiteurs, porté le dé- » sordre et la douleur dans le sein d'une famille à » qui vous étiez chère.

» Vous pouviez être heureuse, estimée, et vous » avez préféré l'opprobre et l'infortune.

[1] Réplique pour le sieur François Féger Kerhuel, contre la dame Henriette-Charlotte Allaire.

» Dites : par quels sacrifices, par quelles vertus
» auriez-vous expié vos torts, lavé votre infamie, et
» regagné la tendresse du citoyen Kerhuel ? Serait-ce
» le crime de la mère qui aurait absous les crimes de
» l'épouse ? Votre fils, cet enfant de la prostitution,
» serait-il le gage de votre retour à l'honnêteté ? ?

» Femme criminelle et trop souvent pardonnée,
» restez dans les ténèbres avec vos remords ; n'es-
» pérez plus de réconciliation. Le cœur du citoyen
» Féger ne conserve pour vous que du mépris, et
» jamais vous n'y ferez rentrer l'amour. »

Quelle argumentation puissante, lorsque défendant
les intérêts les plus sacrés et les plus chers de la
dame Borie, sa qualité d'épouse légitime, il lutte
contre des héritiers qu'excitent à la fois la cupidité
et la haine [1] ! ! Quel dévouement, quelle élévation de
sentiment et de pensées, quand il proteste contre les
accusations injustes dont son ami Soubervie est la
victime [2] ! ! Procès que la plaidoirie de Ravez n'a pas
seule rendu célèbre, mais encore la rupture qu'il
provoqua entre deux confrères unis jusqu'alors par
les liens de l'amitié la plus vive.

Et le procès d'Anglure, pourrais-je le passer sous

---

[1] Plaidoyer pour la dame veuve Borie, contre la demoiselle Victoire Borie et les sieurs Jérôme Borie et Etienne Borie-Cambort.

[2] Plaidoyer pour le sieur Soubervie, contre le sieur Vital.

silence [1]? Victime dès son jeune âge d'odieuses per-
sécutions d'un père fanatique et irrité, poursuivie
par des parents avides et spoliateurs, obligée d'abord
de faire rétablir un acte de naissance qu'une main
criminelle avait altéré, luttant maintenant contre
une action nouvelle ourdie dans l'ombre, fondée sur
un acte caché pendant trente ans à tous les yeux,
la dame d'Anglure implore l'appui de M. Ravez.
Le sort de cette infortunée touche son âme généreuse ; il accepte avec bonheur la mission qu'on lui
offre, la défend par la parole et par la plume, et la
justice fait triompher la cause du bon droit.

Et plus tard, acquittant la dette de la reconnaissance, la dame d'Anglure donnait à son loyal défenseur, l'usufruit de tous ses biens. M. Ravez refusa la
donation générale qui lui avait été faite, et rendit
tous les biens aux légitimes héritiers. Heureux procès
de la dame d'Anglure !! il nous a fait connaître plus
encore que le grand avocat, il a mis au grand jour les
qualités et les vertus de l'homme de bien.

C'était un beau temps, Messieurs, que celui où de
pareils athlètes descendaient tous les jours dans l'a-
rène ! temps qu'un de leurs contemporains a appelé
avec bonheur temps héroïques de ce barreau. Les

---

[1] Plaidoirie devant la Cour de Bordeaux, pour la dame Petit de
la Burthe, veuve du sieur d'Anglure, contre les enfants et héritiers
de la dame Jauge et contre les sieurs Pierre et Hector Petit.

causes s'agrandissaient sous leur parole et sous leur plume ; ils savaient les élever à la hauteur de leur intelligence d'élite, nous allions presque dire de leur génie; et la foule avide se pressait à leurs luttes et applaudissait à leurs triomphes.

V.

Cependant l'Empire déclinait; aux victoires avaient succédé des défaites et des revers, et, à la fin de 1813, Napoléon était rentré à Paris, ramenant son armée décimée par la guerre. La campagne de 1814, où, avec ses dernières espérances, apparurent peut-être les plus vives lueurs de son génie, devait finir par le traité de Fontainebleau. Accompagné de quelques serviteurs, il s'achemina vers l'île qui lui avait été fixée pour résidence, et Louis XVIII remonta sur le trône de ses pères.

M. Ravez salua avec joie le retour des Bourbons ; il avait été peu sympathique à l'Empire; sans doute, il avait vu avec un légitime orgueil les grandeurs et les conquêtes dont ses victoires avaient doté la patrie, et les Codes immortels dont son génie avait doté la France. Mais, pour les hommes tels que lui, il est d'autres gloires et d'autres conquêtes plus grandes et plus précieuses encore, et il admirait le législateur bien plus que le héros. Comme Lainé, il avait déploré les excès et les malheurs de la guerre, sans jamais aller au delà ; il avait conservé toujours ces convictions royalistes, pour lesquelles il s'était exposé autrefois à l'échafaud.

Le retour de l'aigle impériale pendant les cent jours fit éclater son dévouement. La duchesse d'Angoulême était à Bordeaux, quand elle apprit le débarquement de Napoléon sur le sol français. Les royalistes de la Vendée et des provinces intermédiaires s'étaient réunis autour d'elle, et parmi ceux qui lui assurèrent le concours de leurs conseils se trouvaient les hommes les plus éminents du barreau bordelais, MM. de Peyronnet, de Martignac et Ravez. M. Lainé présidait alors la Chambre.

Efforts impuissants ! ! Son âme héroïque ne la sauva pas ; et, fuyant pendant la nuit, elle alla rejoindre son oncle, qui déjà avait quitté sa capitale et avait transporté sa cour à Gand. Quelques jours après, l'Empire tombait, et Louis XVIII était une seconde fois proclamé roi de France.

A l'avénement de tout ordre nouveau, les intérêts divers que cet ordre a froissés se révèlent et s'agitent. Les uns regrettent trop vivement les institutions tombées, et veulent reconquérir les avantages qu'ils ont perdus ; les autres, dans leur fanatique amour pour les idées nouvelles, les exagèrent dans leur application. Pour ceux-ci, pas de transaction avec le passé ;

pour ceux-là , rupture éclatante avec l'esprit nouveau.

Telle était la situation du pays dans les premières
années qui suivirent la chute de l'Empire. Pour nous,
générations nouvelles, ces événements sont déjà de
l'histoire, et nous n'avons pu les apprendre que dans
les livres et les écrits du temps.

C'était, d'un côté, le parti des anciens souvenirs,
si honorable par ses infortunes et ses dépouillements,
ses dévouements et ses convictions, ses illusions, ses
erreurs même, qui réclamait le pouvoir tombé de ses
mains, au nom des sentiments les plus sacrés parmi
les hommes, la fidélité d'une part, la reconnaissance
de l'autre. Mais la politique a d'autres lois et d'autres
devoirs, et le pouvoir ne s'accorde jamais à ce prix.
C'était, d'un autre côté, le parti le plus ardent de la
révolution qui, comprimé pendant quinze ans par la
puissance de l'Empereur, avait lutté contre lui, et
avait espéré un moment s'établir sur ses ruines.

Entre ces deux partis s'en était formé un troisième,
si j'ose lui donner ce nom, véritable parti national,
qui unissait dans un même culte le principe monarchique et la liberté, ou, comme on disait alors, la
Charte et le Roi. C'était le parti de l'intelligence et de
la conciliation, le parti des intérêts généraux et de la
classe moyenne. Il détestait les excès de la révolution,
mais voulait en conserver les conquêtes et les bienfaits.

M. Lainé en était la personnification la plus pure; le 5 septembre 1816, Louis XVIII voulut en être le roi.

M. Ravez lui appartenait par son origine, ses amitiés, ses souvenirs, sa vie tout entière; c'est par lui qu'il entra dans la vie publique; le même jour où la Chambre était dissoute, une ordonnance royale le nommait président du collége électoral de la Gironde.

Il proclama sans hésitation ses sentiments et ses pensées, et adopta publiquement l'acte solennel émané de la puissance royale, lorsqu'aux électeurs réunis il reproduisit les paroles qu'il avait recueillies de la bouche du Roi lui-même :

« Trop d'agitation, m'a dit Sa Majesté, ont mal-
» heureusement troublé la France ; elle a besoin de
» repos ; il lui faut, pour en jouir, des députés attachés
» à ma personne, à la légitimité et à la Charte, mais
» surtout modérés et prudents. Votre département
» m'a déjà donné de grandes preuves d'amour et de
» fidélité. J'en attends un nouveau témoignage dans
» le choix que les électeurs vont faire. Dites-leur que
» c'est un bon vieillard qui leur demande de rendre
» ses derniers jours heureux par le bonheur de ses
» enfants. »

Les électeurs justifièrent les espérances de Louis XVIII en envoyant, dans un même vote, MM. Lainé et Ravez à la Chambre.

M. Ravez quitte les luttes de la barre pour les luttes politiques. Nous pourrions le suivre sur ce champ plus élevé. Ce ne sera plus seulement le barreau de Bordeaux, mais la France et l'Europe entière qu'il aura pour juges et pour admirateurs. Il ne trahit point les espérances de ses concitoyens. A peine entré dans la Chambre, il y prend, comme jadis au barreau, une place considérable. Il est membre de toutes les Commissions importantes. En 1817, il est nommé successivement sous-secrétaire d'État au ministère de la justice, et conseiller d'État; et, en 1818, après avoir été plusieurs fois candidat à la présidence, sur les mêmes listes que MM. Pasquier et de Serre, il est nommé, par ordonnance royale, président de la Chambre des députés.

VI.

Nous n'étudierons pas l'homme politique comme nous avons étudié l'avocat, comme nous étudierons le magistrat et le jurisconsulte. C'est sous ce triple aspect seulement que, dans une conférence de légistes, nous devons considérer M. Ravez. Et d'ailleurs, la vie politique de M. Ravez, c'est toute la Restauration; et l'apprécier sous ce point de vue, ce serait vouloir apprécier toute cette grande époque de notre histoire. Le talent et l'expérience nous manqueraient pour remplir une pareille tâche. Si nous osions l'aborder, nous serions trahis par nos forces.

Il est cependant dans la vie de l'homme public des faits qui le placent si haut, qu'il n'est point permis de les passer sous silence. Pendant huit années consécutives, M. Ravez est demeuré à la tête de la Chambre des députés !!

Le gouvernement représentatif, oublié pendant les gloires de l'Empire, silencieux au moins et muet, avait retrouvé des organes à la double époque de 1814 et 1815. Mais, en réalité, ses jours de véritable splendeur sont ceux des luttes parlementaires qui suivirent la seconde Restauration, et de ces magnifiques débats où brillèrent, pendant la présidence de M. Ravez, les plus grandes renommées de la tribune de ce siècle, et qui, pendant dix ans, tinrent la France attentive et divisée.

Quelle que soit l'opinion de chacun de nous sur les principes et le caractère politique des hommes et des actes, il faut bien reconnaître qu'il est beau d'attacher son nom à tous ces grands travaux législatifs, et pour ne parler que de ceux que rappellent et invoquent souvent quelques-uns des nôtres, ou dont nous pouvons le mieux apprécier les résultats, à ce *Code de la Presse* de 1819, qui a suffi pour immortaliser M. de Serre, à ce *Code forestier* qui résume tous les progrès de la science depuis 1669, à ces

budgets annuels, occasion attendue de ces belles discussions qui éclairaient le pays sur ses intérêts ma-
tériels ou moraux, portaient la lumière dans les
obscurités de cette science des finances publiques,
patrimoine alors de quelques-uns, et la vulgarisaient
parmi nous, fondaient le crédit français, créaient en
la simplifiant l'administration financière, devenue,
pour l'ordre et l'exactitude, la première du monde :
discussions alors nouvelles, et que pendant huit ans
M. Ravez a dirigées avec une netteté, une intelligence que tout le monde admirait, que personne
n'avait possédées avant lui, que d'autres après lui
peuvent avoir portées dans ces hautes fonctions, mais
que nul n'a surpassées.

Un historien de notre temps [1] a dit, en parlant de
M. Ravez, qu'il s'illustra dans ces fonctions « in-
» grates mais importantes, qui font d'un orateur un
» juge, un arbitre et un modérateur pour une assem-
» blée. » Ces mots sont l'appréciation la plus vraie
de sa présidence. Il savait d'un œil rapide suivre
toutes les discussions, pénétrer les intentions et le
but de ceux qui y prenaient part, faire respecter
à la fois la dignité du trône, la dignité de l'assemblée et la liberté de discussion, base de nos institutions monarchiques. Lorsque de toutes parts les

---

[1] Lamartine. *Histoire de la Restauration.*

luttes étaient vives, les partis s'excitaient, les passions soulevaient les cœurs, avec quel sang-froid, quelle présence d'esprit, quelle force d'âme il dominait tous les orages!! Immobile sur son siége quand tout s'agite autour de lui, impassible au milieu de la tempête, il écarte du débat tout ce qui peut l'envenimer, ramène sans épigramme l'orateur qui s'égare, arrête avec bienveillance ceux qui s'emportent, tempère avec douceur ceux qui s'irritent, et seul, par sa parole, a commandé le calme en inspirant le respect.

Quelle que soit la question qui s'agite à la tribune, elle ne lui est pas étrangère; son intelligence pénètre partout; il égale tous ses collègues par la connaissance profonde des matières qu'ils examinent.

Je pourrais faire appel à ses contemporains, et je trouverais partout de nombreux et éclatants témoignages de son impartialité. Pendant sa vie publique, M. Ravez a eu des adversaires, il n'a pas eu d'ennemis. Il été estimé même par ceux qui le combattaient.

La députation ne l'avait pas enlevé entièrement à sa ville et au barreau. L'année même de son élévation à la présidence de la Chambre des Députés, il avait été nommé bâtonnier de l'ordre, et cette coïncidence n'avait fait que resserrer les liens qui l'y rattachaient. Chaque année il revenait au milieu de

ses confrères reprendre ses anciens travaux, et oc-
cupait dans la culture des Sciences et du Droit les
loisirs que lui laissait la vie parlementaire. Mais
bientôt il y rentrera d'une manière plus éclatante ;
une ordonnance royale le rendra définitivement à sa
ville et à ses concitoyens.

VII.

M. Ravez était pour la huitième fois Président de
la Chambre, quand le siége de premier Président à
la Cour royale de Bordeaux devint vacant. Revenir
sur le théâtre de ses premiers essais, juge du camp
où il avait combattu, présider une Cour où il comp-
tait autant de membres que d'admirateurs, avait été
la seule ambition de toute sa vie. Le 6 octobre 1824,
sanctionnant les vœux de l'opinion publique,
Charles X le nomma premier Président de la Cour
royale de Bordeaux. En montant sur le trône, le
Roi accomplissait ainsi les dernières volontés de son
auguste frère. La magistrature se réjouit d'une nomination qui mettait à sa tête celui qu'elle avait si
souvent applaudi, et qui allait rehausser la Cour de
tout l'éclat de sa renommée. Le barreau fut fier d'un
acte qui récompensait dignement une si belle vie, et
élevait aux plus hautes dignités une de ses plus
grandes illustrations.

Quelques jours plus tard, le premier Président de
la Cour de Bordeaux assistait au sacre de Charles X,
et une ordonnance royale le nommait chevalier des
ordres du Saint-Esprit. D'après les statuts de l'ordre,
pour obtenir son admission, le nouveau chevalier
devait fournir la preuve de trois degrés au moins de
noblesse, de noms ou d'armes. Cette preuve, M. Ravez
ne pouvait la faire ; comme jadis à Catinat, on ne la
lui demanda point. Nos rois avaient compris que la
noblesse du génie et des armes étaient les plus glo-
rieux titres de famille.

C'est une belle pensée qui fait assister les chefs de
la magistrature française au sacre des rois, comme
pour les rendre témoins de leurs engagements vis-à-
vis de leurs sujets. C'est apprendre aux peuples que
le premier attribut de la souveraineté est la justice,
et que la justice est la dette la plus sacrée des rois.
N'est-elle pas le principe sur lequel repose la stabilité
de tout gouvernement ? L'histoire atteste que les
degrés de respect et de considération qui l'environ-
nent, sont des signes certains des prospérités ou des
décadences d'un peuple. En résumant cette pensée,
un grand Chancelier a dit : « Le magistrat est la
» force des gens de bien, la sûreté de l'Etat, et le
» soutien de la monarchie. »

Ce magistrat que le Chancelier dépeignait en ces
termes, la Cour de Bordeaux l'a vu à sa tête ; avec

M. Ravez montèrent sur le siége la science, la vertu, le courage qui inspirent le respect, la bienveillance et l'aménité qui appellent l'affection et attirent les cœurs.

A ces connaissances profondes que nous avons décrites, M. Ravez joignait cet esprit pratique que sa longue expérience des affaires avait pu seule lui donner; et néanmoins, comme tous les hommes supérieurs, il doutait toujours de ses forces. Lui qui autrefois savait si bien éclairer par sa parole toutes les parties d'un débat, il ne compte plus aujourd'hui sur ses seules lumières. Il écoute avec une attention patiente et scrupuleuse; car il sait qu'une longue réflexion peut seule amener les intelligences même les plus rapides à la découverte de la vérité. Aussi ses arrêts, conçus toujours dans un langage digne et élevé, modèles par la profondeur des aperçus qu'ils renfermaient, étaient destinés à faire époque dans notre jurisprudence.

Je ne louerai pas son impartialité et sa sévère justice; c'était bien une de ses vertus, mais c'est la vertu vulgaire du magistrat français. Les partis même les plus exaltés lui rendaient hommage, et dans les causes où les passions politiques auraient été les plus vives, reconnaissaient ses décisions dictées par une conscience pure et des intentions toujours honnêtes.

Il avait encore plus que la science ; il avait cette
fermeté et cette énergie qui élèvent le magistrat si
haut, et qu'il nous serait si facile à Toulouse de
dépeindre ; il avait ce courage civil qui lui aurait fait
braver, inébranlable sur son siége comme la loi
dont il était le dépositaire, tous les dangers, et
même la mort. Aucune crainte ne pouvait le détourner de ce qu'il pensait être son devoir ; et quand
sa conscience avait parlé, il marchait droit son che-
min, quelque danger qui le menaçât.

VIII.

Né dans le barreau, élevé dans ses rangs, M. Ravez
n'oublia jamais son origine. Ses premières paroles, en
montant sur le siége, avaient été pour cet ordre au-
quel il était fier d'avoir appartenu. Sa vie de magistrat
ne les démentit jamais.

Avec quelle cordialité il accueillait tous ses anciens
confrères ! Avec quelle bonté il écoutait toutes leurs
demandes ! Et si quelquefois ses devoirs l'empêchaient
d'accorder ce qu'on sollicitait du lui, personne n'osait
se plaindre de ses refus. Il aimait à maintenir ainsi
entre la magistrature et le barreau ces rapports de
bienveillance, d'affection et d'estime dont vous goûtez
tous ici, mes confrères anciens ou jeunes, si vivement les douceurs, et qui, protégeant nos travaux

jusque dans nos solennités de famille, apportent des applaudissements aux plus forts et des encouragements aux plus inhabiles.

Honoré dans le barreau et dans la Cour, il ne voulut jamais s'en séparer. Le Roi avait désiré, dit-on, l'appeler à la tête de la magistrature française, et offert à son dévouement le portefeuille de la justice et la première présidence de la Cour de cassation. Il déclina respectueusement ces honneurs périlleux pour d'autres, et qui n'auraient pas été au-dessus de ses mérites. Aucune dignité ne pouvait le séduire ; tant de liens l'attachaient à sa ville d'adoption ; là étaient sa famille, ses amis, ses affections les plus chères, Bordeaux, enfin, était tout pour lui. Le seul titre qu'il reçut fut celui de pair de France, que Charles X lui conféra.

Les différents partis qui divisaient le pays en 1815 s'étaient développés, et les efforts du Roi avaient été impuissants pour les arrêter. Les débris héroïques des armées impériales, disséminés sur le sol français, regrettaient toujours le guerrier qui les avait si souvent conduits à la victoire. Les hommes de la révolution, dont la Restauration avait brisé les espérances, brûlaient du désir ardent d'en obtenir le triomphe. Les royalistes eux-mêmes étaient divisés, et la Charte, acceptée par les uns, était attaquée par ceux dont elle contrariait les vœux et les désirs.

De tous ces partis, qui avaient chacun leur drapeau dans le pays et dans la Chambre, s'était formée
une opposition menaçante qui, tournant ses forces
contre le pouvoir, l'ébranla peu à peu jusque dans
ses bases, et finit par le renverser.

Un jour le trône s'écroula, et trois générations de
rois quittèrent la patrie et prirent la route de l'exil;
et pendant que les montagnes de l'Écosse les cachaient
au monde, un nouveau trône s'élevait, et une monarchie était fondée sur de nouvelles bases.

M. Ravez accompagna de ses regrets et de ses vœux
le monarque exilé, et, n'hésitant plus entre ses intérêts et les inspirations de sa conscience, résigna
sa charge.

Nous l'admirions quand, sous la robe de l'avocat,
il défendait les malheureux qui demandaient son
appui ; quand, président de la Chambre, il dominait, par la puissance de sa parole, les luttes les
plus vives et les débats les plus agités, quand, sous
la toge du magistrat, il rendait ces arrêts solennels;
mais je l'admire bien plus encore le jour où, voyant
tomber la dynastie de son affection, il voulut tomber
avec elle, et s'exila dans la retraite. Je me trompe,
Messieurs, il ne tomba pas,..... il grandit.....

IX.

Retiré des fonctions publiques, M. Ravez rentra au barreau. — Heureux privilége de notre ordre ! Ses rangs restent ouverts à celui qui les quitte, et la place qu'il laisse vide lui est toujours conservée. Asile de ceux que les révolutions brisent, il leur offre le même lustre et le même éclat, même après les dignités et les honneurs.

Il y retrouva ses anciens confrères qu'il n'avait jamais cessé d'avoir pour amis, et continua ces relations que six années de séparation n'avaient pu rompre.

C'est une nouvelle vie qui va commencer pour lui, plus calme, moins brillante peut-être, mais à coup sûr plus heureuse et aussi honorée. Oui, Messieurs, les années qu'il va parcourir sont peut-être les plus belles; et quand même ne brillerait pas sur sa tête la double gloire de l'avocat et du magistrat, celle du jurisconsulte aurait suffi pour conserver son nom dans les annales du barreau.

Quelle belle mission que celle du jurisconsulte !! Recevoir dans le silence de la retraite les confidences de tous, connaître les secrets des familles, être l'arbitre souverain de leurs discussions, n'est-ce pas la plus grande des magistratures ? Magistrature, objet

du culte et de la vénération de Cicéron, qui l'avait en-
viée pour ses vieux jours, tribunal domestique où,
assis comme sur un trône, il pourrait rendre la justice
à ses concitoyens : *More patrio, solio sedens consulen-
tibus responderem.*

C'est cette mission que M. Ravez va désormais
accomplir, c'est cette magistrature nouvelle qu'il
s'impose.

A l'exemple de ces graves jurisconsultes d'autrefois,
qui s'ensevelissaient dans les solitudes, et n'y vivaient
qu'avec leurs livres et leurs pensées, il se retire
dans l'étude et dans la science. De toutes parts on le
consulte; tous accourent avec une respectueuse con-
fiance pour recueillir de sa bouche les conseils dictés
par la justice.

Il n'est peut-être pas un procès dans son vaste res-
sort qui ne lui soit soumis, une contestation qu'il ne
connaisse; et toujours il apporte dans ses réponses
cette rapidité et cette exactitude que la science seule
peut donner.

Que de causes ont été éteintes sur sa seule parole !!
Que de questions difficiles n'ont eu d'autre solution
que la sienne !! Combien de fois n'a-t-il pas rétabli
la concorde et l'union au sein des familles divisées, et
fait cesser les inimitiés les plus vives !! Combien de
fois n'a-t-il pas concilié par sa sagesse les opinions
divergentes de ses collègues, qui, l'ayant pris pour

arbitre, se soumettaient d'avance à l'avis qu'il aurait rendu !! Lui seul n'a-t-il pas remplacé la justice elle-même ? On a vu quelquefois les parties, reconnaissant à sa parole l'autorité et la force d'un arrêt, abandonner leurs prétentions et renoncer à leurs demandes.

Pendant vingt ans il exerce un ascendant et une influence immense sur tous ses concitoyens, par l'habileté et la modération de ses conseils; ils regardent avec respect sa demeure, comme l'on respectait la maison de ces anciens jurisconsultes qui avaient maintenu les vieilles coutumes et les vieilles traditions, et que le plus grand des philosophes de Rome appelait les oracles de toute la cité : *Totius oracula civitatis.*

Ainsi vivait dans nos murs ce vieillard vénérable dont un de nos confrères traçait la vie, il y a quelques années, avec un talent si délicat [1].

La Providence vous l'avait conservé..., et il avait vu passer devant lui trois générations d'avocats, de même que trois générations se pressaient autour de son foyer domestique ; homme bienveillant et vertueux, et que l'on peut bien appeler le *vir justus* de l'Evangile, pour employer la devise de son élégant biographe. Vous le perdites un jour.....

A la même époque, Bordeaux et le Droit allaient retrouver ce que pleurait Toulouse.

[1] Me Albert, à la rentrée des Conférences, les 7 et 14 décembre 1843.

J'aime à les réunir dans une même pensée ; car si, dans les dernières années de sa vie, M. Ravez fut un grand jurisconsulte, il le fut surtout parce qu'il ressemblait à Laviguerie.

Les clients n'étaient pas les seuls qui lui soumettaient leurs litiges ; ses confrères eux-mêmes venaient souvent dans son cabinet demander des conseils à son expérience et à ses souvenirs.

Navigateurs sur cette mer si féconde en naufrages, ils venaient chez le vieux pilote apprendre l'art d'en éviter les écueils et d'en conjurer les dangers ; soldats mêlés aux luttes périlleuses de la barre, ils demandaient les secrets de la victoire au guerrier qui l'avait si souvent attachée à ses drapeaux. M. Ravez les écoutait avec bienveillance, réfléchissait sur eux une partie de ses lumières, traçait d'avance avec eux le plan et les dispositions du combat. On dit que souvent l'animation de ses mouvements, la chaleur de ses pensées, rappelaient le temps de ses premiers triomphes, et dans le jurisconsulte reparaissait alors l'avocat.

X.

Mais c'est surtout dans les consultations écrites que se révélaient avec les qualités de l'écrivain les éminentes qualités du juriste. Il y aurait une étude à faire ici, et dans cette dernière phase de la carrière juridique de M. Ravez. Il y aurait un grand enseignement pour nous à rapprocher l'avocat du jurisconsulte, à comparer, à près d'un demi-siècle d'intervalle, les plaidoiries des premiers ans aux consultations de la vieillesse.

Comme tous les grands esprits, le sien était éminemment progressif, et le temps qui avait respecté toutes ses facultés, semblait avoir donné plus de puissance encore à celle d'acquérir toujours et de s'éclairer sans cesse. En avançant, ou plutôt en montant dans la vie, les horizons de la science s'étaient élargis pour lui, et chaque jour, dans les lointains de l'intelligence apparaissaient quelques lumières nouvelles.

Sa pratique des affaires publiques, sa haute position dans la politique et dans la magistrature, avaient imprimé à toutes ses pensées un caractère particulier d'autorité et de force que l'étude ne donne pas. Sa discussion s'était agrandie, ses formes, sa manière, si on ose ainsi parler, s'étaient considérablement modifiées. Lisez ses grandes consultations, et vous serez frappés comme nous de ces différences, et en réalité de ces progrès. Partout dans ces travaux du jurisconsulte se montrent les souvenirs élevés du législateur, les larges traditions du magistrat.

Ce n'est plus seulement les textes qu'il étudie avec

un religieux respect; il les soumet quelquefois à l'examen de sa haute critique, en recherche l'origine, en expose les motifs, en sait la génération et l'emploi.

Comme ces juristes d'un autre âge, qui souvent faisaient la loi par la doctrine, il la cherche dans ses principes primordiaux, source commune de toute législation. Toutes ses solutions se généralisent sous sa plume; son style est clair, grave, élégant sans emphase, serré sans obscurité, large sans diffusion, et ses consultations ont presque toutes les caractères et les qualités d'un véritable traité.

Il sait que les lois civiles et politiques reposent sur les mêmes principes que les lois morales et religieuses. L'expérience lui a appris qu'elles n'ont de force et de durée qu'à cette condition, et il aime à redire ces souvenirs ou ces leçons de l'expérience. Il se plaît dans les études nouvelles de l'école historique, et à son flambeau il éclaire les obscurités ou les abstractions du Droit; mais, disciple surtout de Domat et de Pothier, il porte avec orgueil le drapeau de cette école spiritualiste, dont il serait digne d'être en notre temps l'un des chefs.

On ne retrouve plus sans doute dans ses écrits ces séductions de langage, ces artifices de l'art, ces considérations éloquentes, mais quelquefois plus spécieuses que vraies, ces épisodes habilement rattachés au sujet, mais pour en déguiser la faiblesse, et qui charmaient autrefois dans ses plaidoiries ou dans ses mémoires.

Il s'en défend aujourd'hui comme d'un luxe vain, interdit à sa vieillesse, et défendu au sacerdoce qu'il exerce ; ses consultations n'ont d'autre ornement que celui qu'elles puisent dans la science et la raison qui les a dictées ; et il parle, il écrit, il décide jurisconsulte, ce qu'il aurait écrit et jugé magistrat.

Et maintenant ne vous étonnez pas, si, répondant aux questions qui lui sont adressées de tous les points de la France, il éclaire de sa science les matières soumises à son examen, et si la justice elle-même, avec son impartiale indépendance, ne reçoit qu'avec une sorte de respect les œuvres sorties de sa plume.

Ces œuvres, vous avez pu récemment encore les apprécier. Vous vous rappelez tous, Messieurs, ce procès mémorable où l'Etat contestait aux héritiers de Riquet la gloire et les propriétés et de leur aïeul. M. Ravez fut consulté. Tous ces mérites, tous ces caractères s'y retrouvent, et en dépeignant le jurisconsulte, nous n'avons fait que reproduire l'impression qu'avait laissée dans notre esprit l'étude approfondie de son œuvre.

Ceux qui combattaient ses théories, rendaient hommage à sa science. Il est des faits et des actes qui parlent encore plus haut que les éloges mêmes de M. Troplong.

Un jour M. Ravez fut consulté sur une question
forestière mêlée de domanialité ; on lui présenta en
même temps une consultation rédigée et signée par
un des avocats les plus éminents du barreau de Paris.
M. Ravez adopta une opinion contraire à celle qui avait
été émise. Quelques jours plus tard, l'avocat de Paris,
devenu alors Ministre, lisait la consultation de son
confrère de Bordeaux, prenait son œuvre, et la livrant
aux flammes, il s'écriait : « M. Ravez n'a pas adopté
» mon opinion ! je me suis trompé. » Saisi par cette
logique puissante , il ne soutenait plus ses premières
convictions et s'avouait vaincu.

M. Ravez n'était pas rentré seul dans la vie privée;
il avait été suivi par un homme dont le nom nous
est cher à plus d'un titre, et qui pour lui fut plus
qu'un ami , un véritable frère.

Avocat distingué entre tous par la variété de ses
connaissances et les aptitudes merveilleuses de son
esprit , Louis de Saget avait été nommé Président de
Chambre quand M. Ravez fut appelé à la tête de la
Cour de Bordeaux. Sortis ensemble du barreau, ils
devaient y rentrer le même jour.

Leur union en devint plus étroite, et leur commune
destinée resserra les liens d'une amitié déjà si ancienne. Sous l'inspiration de cette amitié touchante, se
forma cette association de la science , de la vertu et
de l'honneur, qui répandit par ses sages conseils tant

de bienfaits autour d'elle, et qui fut longtemps l'orgueil du barreau bordelais.

Comment dépeindre cette vie commune de tous les jours, de toutes les heures, de tous les instants ? Heureux ceux qui pouvaient pénétrer dans leur demeure, et assister à ces travaux où chacun apportait les ressources de son esprit et le tribut de ses lumières!! L'un, plus jeune, plus hardi, plus vif, plus ardent, croyait avoir saisi plus vite les difficultés soumises à leur examen ; l'autre, plus patient, plus froid et plus calme, avançait pas à pas, et arrivait plus infailliblement peut-être à la vérité. Et alors, pour apaiser la vivacité de son ami, M. Ravez lui adressait en souriant ces paroles : « Pas si vite, pas si vite, » mon cher Saget ; vous n'avez pas encore mis *vu*, » que vous êtes impatient d'écrire *délibéré*. »

Quel coup terrible, quand une mort inattendue le lui ravit pour toujours !

Le jour même de ses funérailles, voulant les comprendre tous les deux dans un même et solennel hommage, le barreau en silence se rendit tout entier dans la demeure du jurisconsulte, pour partager et honorer sa douleur. Quelques jours après, en prenant lui-même la plume, il commençait par des paroles de deuil la consultation qu'il rédigeait seul, et qu'ils avaient délibérée ensemble, et, pour perpétuer sa mémoire, le buste de son ami rendit toujours présents à ses yeux les traits de celui qui vivait dans son cœur.

Sa douleur devait être éternelle, et ne s'éteindre qu'à la mort.

XI.

M. Ravez vivait ainsi depuis près de vingt ans dans le cabinet du jurisconsulte, lorsqu'il fut enlevé à sa famille et à tout ce qu'il avait de plus cher, pour rentrer de nouveau dans la vie publique.

Une de ces grandes crises que la Providence réserve comme de terribles leçons aux rois et aux peuples, avait renversé un trône, et une autre famille avait fui à l'étranger. Un nouveau principe était inauguré en France ; le 24 février 1848, le Gouvernement républicain avait remplacé le Gouvernement monarchique.

L'année suivante, l'Assemblée constituante déclarait son mandat fini, et les colléges électoraux étaient convoqués pour nommer une nouvelle Chambre. Tous les hommes éminents du pays figurèrent à ce moment suprême sur les listes électorales ; les électeurs du département de la Gironde songèrent à la candidature de M. Ravez. Au jour du danger, l'on pouvait compter sur lui. Déjà il avait été nommé membre du Conseil général, et désigné par le sort comme juré à la haute Cour de justice, il était parti, malgré son grand âge (il avait alors soixante-dix-huit ans), pour remplir dignement la mission que le ciel lui imposait. On n'aura qu'à faire appel à son patriotisme ; il laissera sa famille et ses amis, mettra au service de ses concitoyens tout ce qu'il a de lumières, d'énergie et de courage. On vint le chercher dans la retraite, comme on cherchait ces vieux Romains, qui, pour sauver la patrie en péril, savaient prendre le glaive et revêtir l'armure du combat.

« C'est un sacrifice qui m'est imposé, dit-il, en ap-
» prenant son élection ; mais je m'y soumets avec
» résolution et avec dévouement pour mon pays, pour
» mes concitoyens. Je ne vous cache pas qu'il m'en
» coûte beaucoup d'abandonner mes travaux habituels,
» de m'éloigner ainsi, à l'âge où je suis arrivé, d'une
» famille qui est toute ma joie, tout mon bonheur ;
» mais on croit que je puis être encore utile, je n'hé-
» site pas. Quand le devoir parle, je ne calcule jamais
» les sacrifices qu'il exige de moi [1]. »

Ces paroles, Messieurs, dépeignent l'homme tout entier, et vous le font bien mieux connaître que toutes les biographies.

Arrivé à l'Assemblée législative, M. Ravez n'y trouva plus les hommes d'autrefois ; ses anciens collègues

---

[1] Extrait du journal *la Guienne.*

avaient disparu; les Villèle, les Foy, les Casimir
Périer n'y faisaient plus entendre leurs voix patrioti-
ques ; une nouvelle génération représentait le pays,
de nouveaux orateurs occupaient la tribune.

Il y fut accueilli avec empressement ; il n'était pas
pour eux un député nouveau; son nom avait survécu
aux Chambres de la Restauration, et, comme les
grands souvenirs, s'était perpétué à travers les années déjà nombreuses qui nous en séparaient. Ses
votes, son attiude ferme et conciliante, justifièrent
bientôt le choix de ses concitoyens, et lui-même ne
tarda pas à prendre un rang élevé parmi ses collègues.

De tous les projets de loi présentés à l'Assemblée
législative, l'un des plus importants fut sans contredit
la réforme du régime hypothécaire. Cette loi touchait
aux intérêts les plus graves, et son examen exigeait
la science et les labeurs d'hommes spéciaux, connais-
sant à la fois les principes d'économie politique et du
Droit civil. Une commission composée de jurisconsultes fut prise dans le sein de l'Assemblée; le barreau
de Toulouse y compta un de ses membres les plus
distingués [1] ; M. Ravez en fit partie. Lors de sa cons-
titution définitive, tous ses collègues le désignèrent
pour la présider. C'est lui qui s'occupa surtout des

1 Me Alexandre Fourtanier.

travaux préparatoires ; c'est sous son inspiration que la plupart des délibérations furent prises. Il s'y montra digne de la grande renommée qui l'avait précédé.

Là devaient se borner ses travaux à l'Assemblée législative; il était écrit qu'il ne terminerait pas son œuvre, et qu'il ne pourrait défendre plus tard les projets de loi élaborés sous sa présidence. Pendant la prorogation il quittait l'Assemblée pour n'y plus reparaître. La Providence voulait que ses dernières pensées fussent pour ses compatriotes, et que Bordeaux, qu'il avait tant aimé, recueillit son dernier soupir.

M. Ravez assistait aux séances du Conseil général, y apportait ce zèle que donne le sentiment d'un devoir à accomplir, lorsqu'une maladie subite priva ses collègues du concours de ses lumières et de son dévouement. Le Conseil général, ému de la perte qui le menaçait, désigna, par une délibération expresse, deux de ses membres pour aller chaque jour, dans sa demeure, recueillir des nouvelles de l'illustre vieillard. Un instant quelques lueurs d'espérance brillèrent dans toutes les âmes. Mais le mal fit bientôt de rapides progrès, et M. Ravez expira le 5 septembre 1849, trente-trois années, jour pour jour, après son entrée dans la vie publique.

Par sa mort, le Droit perdait un de ses plus savants interprètes, la France un de ses plus grands citoyens.

XII.

Quelques jours plus tard , par son empressement à ses funérailles , toute la population bordelaise voulut rendre un dernier honneur à celui qu'elle pleurait. Sur la tombe qui allait recevoir le dépôt précieux de ses restes, le prêtre[1] loua les vertus du chrétien ; le magistrat[2] , la science et la fermeté du premier Président dont la Cour de Bordeaux avait été fière ; le bâtonnier de l'ordre des avocats[3] , inspiré par une pieuse admiration et une vieille amitié, rappela les titres de M. Ravez à la mémoire du barreau. Le Conseil général s'sssocia à ce deuil public, et M. Dufour-Dubergier , son président , y versa quelques paroles qu'il avait recueillies de sa bouche et « qu'il légua, » comme un noble et précieux héritage, à ses conci-» toyens.

» La veille du jour où M. Ravez tomba malade , pour » ne se relever jamais, je passai, pour la première » et seule fois de ma vie, la soirée avec lui en tête à » à tête. La conversation, vive d'abord, prit bientôt » un caractère sérieux ; et je n'oublierai jamais qu'il » me dit qu'une des causes du désordre qui agitait

1 M. le Curé de Saint Paul.
2 M. Poumeyrol , Président à la Cour de Bordeaux.
3 M. Tessier , Avocat.

» la société, était bien certainement le relâchement
» des liens de famille; que l'État n'était, en effet,
» qu'une grande famille, et qu'il ne fallait pas s'é-
» tonner de voir les enfants de la grande famille si
» impatients du joug, lorsque ceux de la petite avaient
» secoué, comme des préjugés surannés, les droits
» de la paternité et le respect dû à la vieillesse. »

Ces paroles résument toute la vie de M. Ravez; elles
en sont le digne couronnement. Je les transcris comme
le dernier conseil sorti de cette bouche éloquente.

Oui, Messieurs, c'était par la famille qu'il fallait
relever une société ébranlée; et ainsi, dans ses paroles apparaissaient les convictions religieuses et les
convictions politiques de M. Ravez. Avocat, député,
magistrat, jurisconsulte, représentant, il leur resta
toujours fidèle : et c'est parce qu'il leur resta fidèle
qu'il fut grand par le cœur et grand par l'esprit.

Inébranlable dans ses croyances, à son entrée dans
la carrière il résiste à l'influence de ces doctrines qui
avaient alors tout envahi; et la veille même de sa
mort, avec cette ardeur que les glaces de l'âge n'ont
pu affaiblir, il lutte encore contre ces mêmes doctrines soulevées par une révolution nouvelle.

Tournant toutes ses pensées vers les régions les
plus élevées dans l'ordre moral, il s'est éclairé aux
enseignements de la philosophie religieuse. Sous leur
influence, son esprit et ses œuvres se sont agrandis,

et comme son génie s'est inspiré aux sources immor-
telles de la foi, son nom ne pourra plus mourir dans
le souvenir de ceux qui aiment la science , honorent
le patriotisme , glorifient le courage et la vertu.

Tel fut l'homme dont je devais vous raconter la vie.
Je lui ai rendu un faible mais bien sincère hommage.
A Bordeaux seul n'appartenaient pas ses triomphes ;
Toulouse, comme tout le Midi, revendique une partie
de sa gloire. Membres du barreau, enfants de la
même famille, soyons fiers et orgueilleux de tous ceux
qui ont jeté quelque lustre et quelque éclat sur notre
ordre. Ne célébrons pas seulement nos gloires toulou-
saines , mais toutes nos gloires méridionales.

TOULOUSE, IMPRIMERIE DE JEAN-MATTHIEU DOULADOURE.